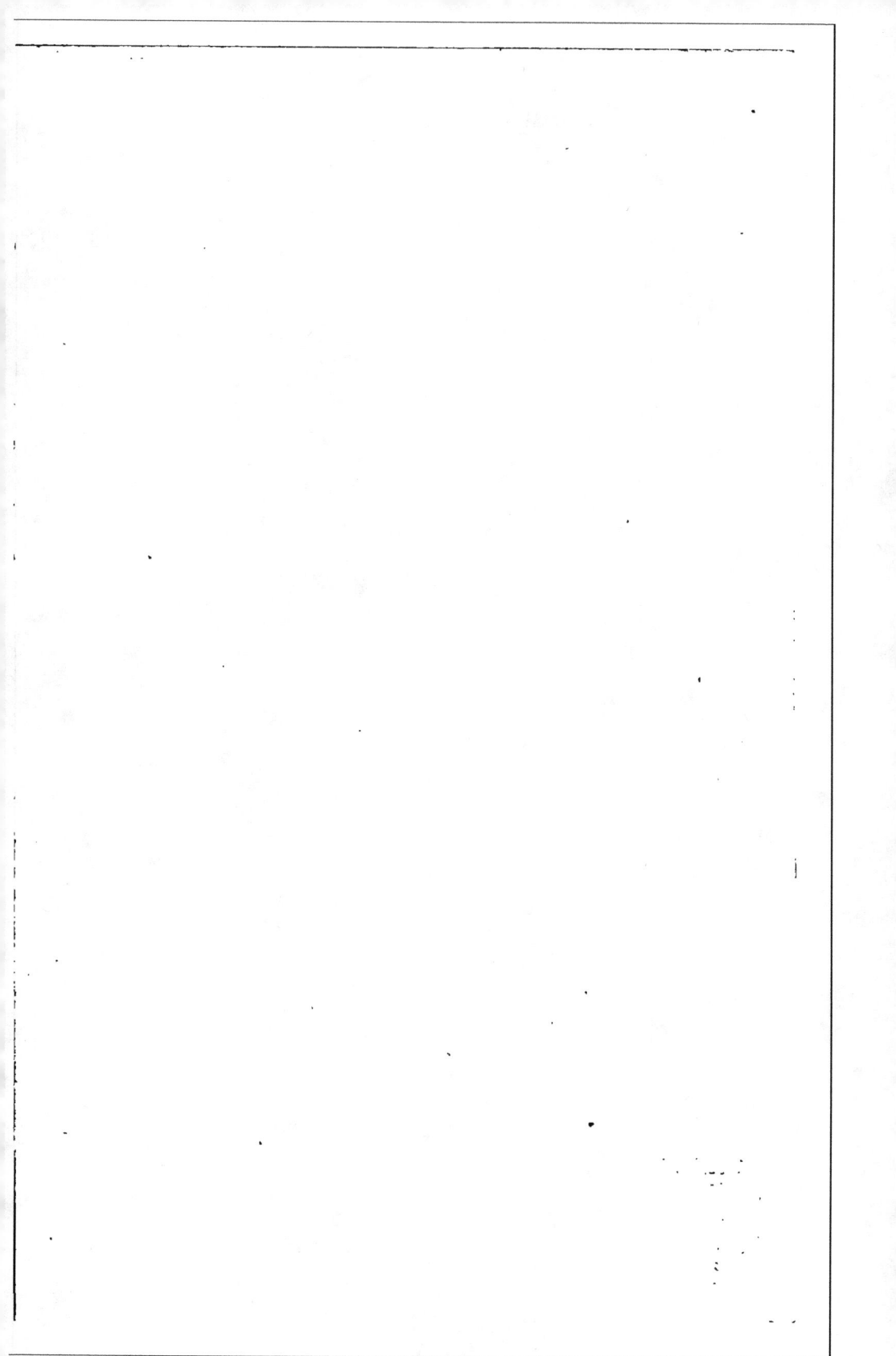

ALEXANDRE DUMAS

DU MÊME AUTEUR

LAMARTINE

Avec portrait à l'eau-forte par Martial.

Un vol. in-18 raisin.

A. DUMAS

Imp. A. Salmon

JULES JANIN

ALEXANDRE DUMAS

Mars 1871

PORTRAIT A L'EAU-FORTE

PAR FLAMENG

PARIS

LIBRAIRIE DES BIBLIOPHILES

RUE SAINT-HONORÉ, 338

MDCCCLXXI

Tiré à 5oo exemplaires sur papier vergé.
     15   —   sur papier de Chine.
     15   —   sur papier Whatman.

    53o exemplaires.

PRÉFACE

―――――

« Les Muses font que l'on cherche, Mnémosyne
seule fait que l'on trouve ! »

(PLUTARQUE, *De la façon de lire les poëtes.*)

LES pages qu'on va lire ont été dictées
dans une retraite profonde, aux premiers instants d'une juste douleur. La
France en ce moment était divisée en parcelles dés-
honorées ; chaque morceau appartenait à un corps
d'armée allemand, et c'était un crime aux vaincus
de tendre une main amie à leurs voisins à travers
les canons et les fusils de la Prusse. En même
temps nous étions en proie à toutes sortes de nou-

1.

velles que fabriquaient chaque jour des journa-
listes sans pitié.

Ils disaient tantôt que nous avions gagné
les plus grandes batailles, tantôt que nous avions
perdu nos derniers défenseurs. Aujourd'hui ils
assassinaient le roi Guillaume, et le lendemain
le maréchal Mac-Mahon. Dans l'intervalle de
leurs mensonges, qui n'avaient de valeur que
par notre crédulité, ils glissaient en guise d'in-
termède les nouvelles les plus affligeantes, et ce
fut ainsi qu'en deux lignes ces traîtres, ennemis
de la vérité et grands amis du mensonge, annon-
cèrent la mort d'Alexandre Dumas. Nous étions
fatigués de croire, et ce peu de cérémonie ajoutait
à notre incrédulité. Quoi donc! Alexandre Dumas
était mort si vite, en ces instants déplorables, et
sans attendre que ses amis, ses admirateurs, se
pussent réunir pour rendre un dernier hommage à
ce vrai génie, à ce talent si rare et si charmant!
Il fallait à ce courageux écrivain toutes les fêtes
de la mort. Pas d'ornements assez splendides et

pas de foule assez pressée autour de ce grand cercueil...

Cependant, répétée à l'envi par tous ces
feuillets misérables, la triste nouvelle allait gran-
dissant toujours. On y croyait dans nos campagnes, qui savaient le nom d'Alexandre Dumas, et
nous finîmes par y croire. Alors enfin, comme une
impuissante consolation, nous nous rappelions le
travail de cette longue carrière, et nous revenions
par la pensée aux grâces de ce jeune homme, à cet
esprit inépuisable, à cette infatigable invention
dans son âge viril, quand il improvise en se jouant
des contes, des drames et des histoires sans fin.
Dumas fut le grand amuseur de notre âge ; il vivait parmi nous de notre vie ; on le rencontrait
dans tous les sentiers littéraires ; il avait sa juste
part dans toutes nos histoires ; son rêve était immense, insensé. Il parlait dans la double langue,
en prose et en vers. Il disait de lui-même : Cur non?
« pourquoi pas? » C'était son Quo non ascen-
dam? — Pourquoi ne ferais-je pas une tragédie à

la façon du grand Corneille ? une comédie ingé-
nieuse, un drame éclatant comme en faisait Gœthe à
Weimar ? Pour l'écrivain français, le mot impossible était une parole malséante. Il allait à travers
le monde, la main ouverte, et disant à chacun sa
plus intime pensée. Il était connu de tous et de
chacun ; les vieillards le bénissaient : il leur ren-
dait plus facile le chemin du tombeau. Les femmes
l'appelaient en aide à leur tristesse, et les tout
jeunes gens ne juraient que par les récits de leur
poëte. On oubliait pour Dumas les œuvres les plus
charmantes et les noms les plus glorieux : les
Feuilles d'automne et les Méditations poétiques.
Le capitaine et l'orateur s'effaçaient pour laisser
passer ce romancier merveilleux, si bien qu'il n'a-
vait besoin de dire à personne : Ote-toi de mon
soleil !

Voilà pourtant comment nous nous sommes con-
solés, par la rhétorique et la déclamation, de cette
perte irréparable. A force de penser à ce grand
deuil qui faisait si peu de bruit dans la France

écrasée, il nous semblait que ce mort illustre allait renaître, et qu'il nous inviterait comme autrefois dans sa maison ouverte à tous, quand lui-même il se plaisait à préparer le repas du soir, plus content d'être un disciple de Carême ou de M. Dubois (auteur de la Cuisine chez tous les peuples) que d'être un si rare et si charmant écrivain. Même il avait commencé à écrire une Cuisinière poétique, et, quand il était en belle humeur (presque toujours), il célébrait le roi Louis XV pour ses beignets à la crème, et le grand Condé pour son talent à faire une omelette, et surtout à la retourner dans la poêle obéissante. Il se montrait volontiers à son peuple; et chacun le pouvait contempler lorsque, semblable à la pythonisse assise sur le trépied fatidique, il invoquait l'inspiration : Le dieu ! voici le dieu !

« Nous lisions l'autre jour dans les lettres de Pline le Jeune, un des plus charmants témoignages de l'antiquité notre mère, que cet aimable homme,

un grand esprit, un maître orateur, s'était bâti
deux belles maisons aux environs du lac de Côme;
à chacune de ces maisons il avait donné un nom
assez étrange. Il appelait la première la Tragédie,
et la seconde avait nom la Comédie. Il avait posé
la Tragédie au sommet de la montagne, sur une
roche aride, où tout manquait : l'ombre en été,
les fleurs au printemps, les fruits de l'automne, et
pas un buisson, pas un oiseau chanteur. Tout est
vaste, aéré, sérieux, menaçant, autour de la Tragédie. On n'entend que le bruit du lac et le mu-
gissement des flots. La Comédie, au contraire,
est doucement posée au bord du rivage ; elle est
entourée des plus beaux arbres : les cèdres, les
hêtres, les aulnes, les lauriers et les myrtes ;
l'abondance est partout, partout la grâce : un ga-
zon toujours vert, une vaste prairie, une fraîche
clôture de ruisseaux. Autour de la Comédie gran-
dissent le figuier pompéien, la rose de Tarente,
le légume d'Aricium. Le lac fournit le poisson,
les bois vous donnent les daims et les cerfs. Tout

abonde. Autant la Tragédie est pauvre et désolée, autant la Comédie est gaie, heureuse et féconde. Et voilà pourquoi nous nous tenons au bas de la montagne, au niveau de l'eau paisible, au milieu de cette abondance, oublieux et négligents des sublimes et stériles hauteurs. A la porte enguirlandée de la Comédie on voit sourire Aristophane entre Eupolis et Cratinus. La Tragédie, au fronton d'airain, représente uniquement le buste inspiré de Sophocle, et si vous nous demandez pourquoi Euripide est absent de ces frises solennelles, non moins que le maître Eschyle, on vous répondra que c'est la volonté de Quintilien lui-même. Il enseignait à ses disciples un grand respect pour tous les poëtes : Homère, Hésiode et Tyrtée; il voulait que l'orateur se remplît de l'ïambe mordant d'Archiloque, du lyrisme ardent de Pindare et des inspirations d'Alcée à la lyre d'or. Mais entre tous les poëtes il leur recommandait surtout le divin Sophocle. Il disait que ce grand homme, aux grandes passions, était dans son genre un maître orateur, et que sa poésie appartenait plus que toute autre à l'éloquence. A ces causes, son glorieux buste était le seul qui décorât la Tragédie. Hélas ! cette admirable maison était déserte ; on ne trouva pas, pendant vingt ans, un homme assez hardi pour l'habiter. Le vulgaire avait peur de cet écho formidable. Dans le silence auguste de ces nuits sombres on entendait des plaintes et des gémissements lugubres. C'étaient des trônes qui tombaient, des nations qui pleuraient : on eût dit les revenants qui firent pâlir le philosophe Artémidore. Ainsi la maison était décriée. Il y eut un jour cependant où l'on vit gravir d'un pas ferme et fier ces sublimes hauteurs par un homme inconnu. En vain la porte hospitalière de la Comédie était ouverte, en vain on lui dit que Pline le Jeune était à lire à ses amis ses plus beaux vers, l'étranger poursuivit son chemin. Quand il eut escaladé ces monts escarpés, il entra dans la Tragédie, et, la nuit étant venue, on entendit dans ces murailles des gémissements sans nom. *Sophocle était dépassé, Euripide était vaincu, Eschyle était détrôné. Jamais plaintes de cette éloquence et de ces douleurs ne s'étaient fait entendre à ce bronze, à ces marbres, à ces rochers frappés de la foudre.* « *Ah ! s'écriait Pline éperdu, quel est donc cet habitant terrible ? A quel hôte appartient ma Tragédie en ce moment ? Quel homme est assez courageux pour habiter ces voûtes sublimes, assez éloquent pour les remplir ? C'est sans doute un fils d'Apollon, mais je cherche encore quel nom je dois lui donner...* »

« *Peu de temps après, cet étranger, ce mystère, descendit l'escalier de la Tragédie (entre deux abîmes), portant sous son bras un de ces livres merveilleux dont le bruit avait réveillé toute la vallée et devait réveiller Rome entière. Il s'appelait Tacite ; il portait dans sa tête et dans son cœur les châtiments, les vengeances, les justices et la suprême exécration du peuple romain. Pline, à son aspect, s'inclina, le priant et le suppliant les mains jointes de ne pas oublier son nom dans ses his-*

toires ; mais la place était prise, les paroles étaient comptées, ce grand livre des Annales et des His- toires de Tacite appartenait à Tibère, à Néron, à Domitien, à Vitellius, à Locuste, aux affranchis, aux bourreaux, aux délateurs. »

Cette histoire n'a pas moins de deux mille an- nées ; elle est toute nouvelle aujourd'hui. Supposez donc Alexandre Dumas dans les jardins fleuris, sous les voûtes dorées de la Comédie, avec Made- moiselle de Belle-Isle et les Trois Mousquetaires. Invitez M. Victor Hugo à s'emparer de la Tragédie avec Lucrèce Borgia, Marie Tudor et Ruy-Blas. Qu'un jour enfin, un jour de tempête, il écrive sous l'accent même de Tacite son fameux livre des Châtiments, digne de Juvénal, et vous re- trouverez, ces deux maîtres étant les voisins l'un de l'autre, les terreurs, les pitiés, la majesté souve- raine, de ces deux temples élevés sur le roc et sur les fleurs par l'admiration de Pline le Jeune, avec l'assentiment de son maître Quintilien.

Mais ce n'est pas en vain que deux hommes d'un pareil talent sont logés si près celui-ci de celui-là. Ils commencent par l'admiration l'un de l'autre, ils finissent par s'aimer comme deux frères, et voici que je me rappelle heureusement ces beaux vers écrits par Victor Hugo, des sommets de son exil, à son confrère Alexandre Dumas.

Merci du bord des mers à celui qui se tourne
Vers la rive où le deuil, tranquille et noir, séjourne;
Qui défait de sa tête, où le rayon descend,
La couronne, et la jette au spectre de l'absent,
Et qui, dans le triomphe et la rumeur, dédie
Son drame à l'immobile et pâle tragédie
Je n'ai pas oublié le quai d'Anvers, ami,
Ni le groupe vaillant, toujours plus raffermi,
D'amis chers, de fronts purs, ni toi, ni cette foule.
Le canot du steamer soulevé par la houle
Vint me prendre, et ce fut un long embrassement.
Je montai sur l'avant du paquebot fumant,
La roue ouvrit la vague, et nous nous appelâmes :
— Adieu ! — Puis, dans les vents, dans les flots, dans les lames,
Toi debout sur le quai, moi debout sur le pont,
Vibrant comme deux luths dont la voix se répond,
Aussi longtemps qu'on put se voir, nous regardâmes
L'un vers l'autre, faisant comme un échange d'âmes;
Et le vaisseau fuyait, et la terre décrut;
L'horizon entre nous monta, tout disparut;
Une brume couvrit l'onde incommensurable;

Tu rentras dans ton œuvre éclatante, innombrable,
Multiple, éblouissante, heureuse, où le jour luit ;
Et moi, dans l'unité sinistre de la nuit.

Certes, si l'auteur de Monte Cristo *eût été interrogé sur ses volontés dernières :* « O mes amis ! *se fût-il écrié, ne prenez pas trop de soin de ma dernière louange, et que l'un de vous, le plus jeune ou le plus ancien, récite sur ma pierre funèbre ces beaux vers de Victor Hugo.* »

ALEXANDRE DUMAS

I

NOUS ne te laisserons pas descendre au fond d'un tombeau sans honneur, illustre et charmant écrivain, toi qui fus si longtemps l'admiration de l'Europe et l'éblouissement de la France ; esprit charmant, infatigable dans l'art d'enchanter la multitude et de tenir la foule attentive aux passions de l'écrivain. Et maintenant, après tant de tumultes

et d'orages, tant de travail voisin des étoiles, voici que tu disparais, dans les heures les plus sombres, sur une terre esclave et muette à ton nom. Adieu donc, Alexandre Dumas, merveilleux inventeur, maître ingénieux du drame et du roman, également habile à nous montrer l'accident vulgaire et la tragédie à la forme éclatante.

Plus que tout autre enfant de la génération qui s'en va disparaissant chaque jour, Alexandre Dumas avait été mis au monde pour exercer le métier des enchanteurs. Certes, celui-là était animé de toutes les passions du drame; il les poussait jusqu'au délire; il en avait tous les instincts. Il n'était pas peut-être ce qui s'appelle un grand écrivain, amoureux de la parole éloquente, et lui sacrifiant les bonheurs de l'invention. En revanche, il avait la main si vive et si légère, et naturellement il parlait une certaine langue aisée et facile, en dialogues si naturels, parfois violente et toujours claire, abondante et convenable à ses compositions d'une variété infinie, entre le charme et la terreur.

Ajoutez à toutes ces qualités, si difficiles à ren-

contrer dans le même homme, l'énergie et l'au_
dace, et l'action, avec mille bruits pleins de
grâce et de bel esprit. Enfin ce bel esprit, semblable au vif-argent qui soudain, pour faire un
grand trou qui s'emplit d'une eau salutaire, se
porte en bloc, en masse... irrésistible, il avait
la gaieté, la bonne humeur, le charme enfin.
Il savait rire; au degré suprême il possédait
le don des larmes. Inventeur, il prenait son
bien dans ce fameux fumier d'Ennius fécond
en larcins de toute espèce. Aussitôt que son
premier drame, *Henri III*, eut vu le jour, les
chercheurs d'imitations, race ingrate et jalouse,
s'en donnèrent à cœur joie, et démontrèrent que
ceci et cela venait d'un drame ou d'un livre habilement copié. On ne voulut pas les croire, et sa
vive originalité fut confirmée en dépit de ces
accusations. En vain, plus tard, on disait que
l'auteur d'*Antony* ne savait plus le nombre de ses
collaborateurs... les succès et la popularité de
l'écrivain ne faisaient que grandir. Sitôt qu'ils
étaient livrés à leurs propres forces, ces fameux
adjudants du drame ou du roman d'Alexandre
Dumas rentraient sans bruit dans le néant dont

il les avait tirés par la toute-puissance de son talent. Au contraire, c'était un rapide esprit, ardent à l'attaque, ardent à la réplique. Un jour, sur le boulevard, comme il s'en allait tout courant à son travail, il rencontre un groupe et s'arrête à causer dans ce dialogue étincelant qui n'était pas l'un de ses moindres mérites. Il fut très-vif et très-charmant; puis tout à coup, se rappelant qu'il avait un grand chapitre à produire avant le soir : « Bon ! dit-il, vous ai-je amusés avec de l'esprit de bon aloi? Et l'on dira demain que j'avais des collaborateurs ! »

Quelle verve et quelle ardeur juvéniles ! Toujours prêt et jamais lassé. La plume à la main, il a toujours eu vingt ans. Il avait six pieds, un corps agile, une santé de fer; c'était bien là le braconnier élevé paternellement sur les genoux des gardes de la forêt de Compiègne.

Aussi bien il allait droit son chemin, franchissant la haie et le fossé. Intelligent au degré suprême, il pouvait mener de front quatre ou cinq actions différentes dont il tenait les fils sans jamais se troubler, et se reconnaissant parmi tant de physionomies si diverses et tant de noms propres des acteurs qu'il mettait en scène. Or celui-là bien habile eût été qui lui eût fait perdre sa piste. Il aimait véritablement tous ces êtres de sa création ; il les animait de son souffle, il les remplissait de sa volonté. Enfin il allait si vite à son but, par tant d'obstacles que lui-même il entassait à plaisir !

Vous allez d'un tel pas qu'on a peine à vous suivre.

A qui voudrait contempler le travail, la vie et l'œuvre entière de M. Alexandre Dumas, il arriverait que le curieux se briserait la tête contre un pareil phénomène. O géant Adamastor ! il faudrait six ans au plus habile annaliste pour composer et mettre en place les amusants chapitres des *Mousquetaires*. René Le Sage a mis vingt ans à composer et à publier le *Gil Blas* ; Marivaux est mort avant d'achever sa *Marianne*. Alexandre Dumas, sitôt qu'il avait commencé, son livre était fini. Lui-même, il s'enivrait le premier de son poëme, enfin sa piaffe ardente avait bientôt parcouru l'espace et touché le but. *Hâtons-nous !* voilà sa devise. Il n'y a rien de plus net et de plus beau que les manuscrits de ce contemporain de M. de Balzac, qui faisait le désespoir des plus habiles ouvriers de l'imprimerie. Ils sont empreints d'une parfaite élégance : un enfant les lirait. Que voulez-vous ? Cent mille lecteurs demain à satisfaire ; le journal attend sa pâture, et *la suite à demain* est implacable.

Aussi bien, M. Alexandre Dumas, pressé par le temps, n'a jamais su quelle était véritablement sa valeur littéraire ; à quelle hauteur il se serait élevé par la méditation, si parfois sa tête fumante s'était reposée en quelque heureuse oisiveté. Il a vécu sans trêve ; il n'a pas eu de repos. Même en voyage, il composait, il écrivait, il produisait, tantôt dans l'auberge andalouse, aux roucoulements des guitares, tantôt sur les glaciers des Alpes ou sur les bords fleuris de la Méditerranée éclatante. On raconte qu'au mariage de Mgr le duc de Montpensier (Madrid était en fête), dans ces salons pleins de lumières, un vieux diplomate, arrivant tard, demandait quel était ce groupe où les plus grands seigneurs de toutes les Espagnes écoutaient debout, bouche béante,

un homme en habit noir, parfaitement oublieux,
les uns et les autres, de la reine d'Espagne et
des deux jeunes fiancés. « Pardieu, lui dit
quelqu'un, c'est Alexandre Dumas; qui donc
vouliez-vous que ce fût? Mais conter, c'était sa
fête et son plaisir. Il a pu faire des ingrats (il en
a fait beaucoup), il pouvait affirmer la récompense de l'innombrable nation des lecteurs, des
amoureux, des curieux de ce bas monde. Le
monde oisif lui devait ses plus belles heures et
ses émotions les plus douces. Même ce défaut
de soin et d'apprêt, ce style au galop, n'ont pas
nui, et tant s'en faut, à la popularité de ce
maître conteur. C'était, à l'entendre, à le lire, à
l'écouter, une joie, un contentement! Il avait
pour clients et pour amis mieux que les gens
sages, il avait la foule; elle le suivait, obéissante, de son théâtre dans ses livres, en tout lieu
où il lui plaisait de la conduire. Elle partageait
ses haines et ses amours; elle riait à sa fantaisie,
elle obéissait à sa volonté; son esprit était fait à
la taille de l'intelligence et de l'esprit de la
foule : flamme d'incendie et flamme de punch,
feu follet des marais Pontins, éclat des passions

brûlantes, les possibles et les impossibles, c'était une fièvre, une immense mêlée, horrible, horrible et charmante. Et que de fois la critique avait grand' peine à enlever les morts et les mourants de ce vaste champ de bataille. *Henri III*, *Christine à Fontainebleau*, *Antony*, trois grands drames, ont commencé dignement cette hautaine renommée.

Henri III fut représenté au Théâtre-Français quelques jours avant la révolution de 1830, en présence de S. A. R. monseigneur le duc d'Orléans, qui s'était déclaré le protecteur du jeune Alexandre Dumas, comme il était devenu l'ami de M. Casimir Delavigne. Ce drame de *Henri III*, dont le rôle principal était joué par Mlle Mars (pour la première fois de sa vie elle faisait violence aux habitudes correctes de son génie, et, pour ainsi dire, à la discipline de son talent, et se jetait, les yeux fermés, la téméraire, à travers des abîmes sans fond); que vous dirai-je enfin? ce drame de *Henri III*, si violent, si nouveau, si plein de bruits étranges, de souvenirs, d'événements, d'imitations, d'accessoires, écrit dans une langue inaccoutumée, et tout rempli des naissantes ardeurs de la vie et de la jeunesse en son trop-plein, restera comme un des grands événements de la littérature au dix-neuvième siècle.

En ce moment solennel de la Révolution de Juillet, une double révolution était dans l'air. En poésie, en politique, elle était inévitable. On se pressait, on se hâtait, pour assister à ces émeutes de l'esprit. Et c'étaient des joies et des fêtes du côté de la jeunesse, et c'étaient des transes et des terreurs dans le camp des anciens! Ceux-là mouraient, qui n'avaient plus de tâche et plus d'espérance ici-bas, ils mouraient désespérés de ne pas assister à l'enfantement de tant d'œuvres et de tant d'aventures que le genre humain pressentait en germe. Qu'ils fussent vieux avant l'âge, ou qu'ils fussent en effet accablés sous le poids des années, ces braves gens déblayaient par leur retraite le chemin frayé des lettres, de la philosophie et de la politique; tout au moins leur savait-on gré de s'en aller au bon moment du spectacle, à la minute heureuse où la toile se lève frémissante pour laisser l'espace au drame nouveau.

La jeunesse a la pitié de son âge... elle est sans pitié. Elle ne sait rien, et le peu qu'elle sait, elle l'oublie. — A bas le vieillard! Honneur à nous autres, les nouveaux venus! Fi des hommes de quarante ans, et qu'on les jette aux gémonies! Casimir Delavigne, à leur compte, était un ancêtre, M. Scribe était un ancien. Hélas! qui nous les rendra, ces fêtes poétiques? Qui nous rendra ces heures fébriles de l'attente au premier rendez-vous que nous donnait le poëte accepté? Nous arrivions au théâtre pleins d'inquiétude et de passion! Nous attendions trois heures, sous la pluie et sous le froid de décembre, que la porte fût ouverte, et, quand enfin ces merveilles longtemps attendues se manifestaient au milieu d'un peuple attentif, c'étaient de toutes parts des cris, des rages et des acharnements. Tel le beau Gylippe, entrant vainqueur dans Syracuse, portait au bout de son épée une étoile.

II

O grand Dieu! est-ce possible? nous ne reverrons jamais ce héros de l'invention, notre espoir, notre orgueil, notre ami. Nous n'aurions jamais pensé qu'il pût mourir, et soudain le voilà mort! Il disparaît dans les plus mauvais jours de notre histoire, ce grand révolutionnaire entouré de louanges et d'admirations sympathiques. L'invasion conduira ce grand cercueil; quelques soldats prussiens remplaceront les académies et les écrivains de la France à ces obsèques.

« Honneur à ces grands passionnés, disait le poëte. Celui-là certes méritait l'appareil des grandes funérailles [1]. Il s'en va, ce glorieux, perdu dans la foule des morts. C'en est fait, nous n'entendrons plus sa parole, nous n'assisterons plus à ses luttes de chaque jour ! Il est donc vrai qu'il n'y a pas d'abri contre l'orage et contre la mort pour ces grands artistes que l'on ne revoit pas dans tout un siècle ?

1. . . . . *Pulchrisque per urbem Funeribus ferri.*

III

On ne saurait douter que ces commencements célèbres dussent porter, en effet, au degré suprême l'enthousiasme et la curiosité de cette nation qui venait de briser les dieux anciens de la tragédie à l'usage de la Convention, et plus tard à l'usage de l'empereur Napoléon lui-même. Écoutez l'un des hommes les plus applaudis de cette fin d'un monde, et vous comprendrez quelle était cette puissance abolie à laquelle le jeune Alexandre Dumas allait donner le coup de grâce. L'auteur des *Héritiers*, de *la Fille d'honneur* et

3.

d'*Édouard en Écosse*, Alexandre Duval, assez mauvais coucheur, à l'aspect de ces nouveaux venus, de ces novateurs, de ces *insolents*, qui le réduisaient à de si tristes caricatures, ne pouvait retenir sa tristesse et son indignation quand il songeait à tant de ruines.

« Qu'il était beau ce temps de ma jeunesse
« où j'allais lire à la Comédie-Française mon
« premier ouvrage dramatique, *Christine !* C'é-
« tait le temps des Lemierre, des La Harpe, des
« Ducis, des Demoustier, des Fabre d'Eglan-
« tine, des Collin d'Harleville ! Aujourd'hui les
« bons bourgeois de Paris s'ennuient de ne
« voir sur le théâtre qu'une très-mauvaise com-
« pagnie, richement logée et richement vêtue
« à la vérité, mais dont le langage ne res-
« semble en rien à celui des princes et sei-
« gneurs qu'ils avaient autrefois admirés. »

Ainsi, chose étrange ! le théâtre ancien finit par *Christine*, et le théâtre moderne a commencé par *Christine*. C'est une œuvre aux proportions magistrales, et, sachant l'âge du jeune inspiré (vingt-deux ans !), on ne saurait trop s'étonner de la puissance et de l'autorité d'un si rare inventeur.

L'ensemble abonde en toutes sortes de détails très-curieux; les longueurs même ont un grand charme, et, bien que deux actes aient été effacés, pas un *retrancheur* n'a osé s'attaquer au troisième acte, intitulé : *Corneille*. Il me souvient que, rencontrant pour la première fois, dans ce cher jardin du Luxembourg, le berceau mutilé de nos belles années, M. Alexandre Dumas tout brillant de sa gloire naissante et de sa gloire à venir, il me fit l'honneur de me réciter, de sa voix si jeune, la rencontre de la reine Christine et du grand Corneille :

Me ferez-vous l'honneur de me baiser la main ?

A l'acte suivant, le drame se nouait d'une façon lugubre et terrible. Plus la reine sans couronne était abandonnée aux hasards qu'elle avait cherchés si loin, plus nous sentions la pitié grandir dans nos jeunes âmes. M. le cardinal de Retz, qui fut présenté dans Rome à la fille de Gustave-Adolphe, le héros protestant, par M. de Lyonne, notre ambassadeur, éprouva,

lui aussi, cette irrésistible et profonde pitié.
Voilà donc l'intérêt tout-puissant et très-drama-
tique de cette œuvre aux mille aspects si divers. La scène du 4e acte, entre Monaldeschi
et Sentinelli, représente l'action la plus puis-
sante du drame moderne, et les plus vieux dra-
maturges en seraient fiers. Rien de plus terrible
que le piége infernal de ce meurtrier Sentinelli
priant et suppliant Monaldeschi, son rival, par
tous les motifs d'une ancienne amitié : enfants
de la même patrie, esclaves des mêmes ambi-
tions. « Que ferais-tu, Monaldeschi, si j'étais à
tes pieds, demandant grâce et pitié ? — *Je te
repousserais.* — C'en est donc fait, ni grâce ni
pitié, rien ! » Alors voilà Sentinelli qui se relève
avec ce grand cri, digne au moins du dernier
mot que dira la reine :

> Au nom de notre reine indignement trompée,
> Comte Monaldeschi, rendez-moi votre épée.

C'était vraiment superbe. Et quel frémissement dans l'auditoire ! Eh bien ! quand chacun
de nous pensait que le drame était fini, voilà
soudain que tout recommence. Cette fois, l'action va marcher d'un pas terrible, et ne s'arrê-

tera qu'au dénoûment. La dernière tentative de
Monaldeschi sur le cœur de la reine, l'habile
flatterie de ce serpent replié sur lui-même, ce
regard plein d'un feu amoureux, cette séduc-
tion imprévue d'un amour mal éteint, ce brûlant soupir, cette déclaration *in extremis*, cette
femme vaincue et disant au prêtre : *Éloignez-
vous!* tout cela, c'est de la vraie hardiesse et de
la grande passion. Et quand enfin la reine a
pardonné une trahison pardonnable à toutes les
femmes, la trahison politique; quand elle s'est
dit qu'après tout cet homme est fidèle à leurs
amours et qu'il n'a jamais aimé qu'elle; quand
elle règne, quand elle triomphe, quand elle
foule aux pieds cette couronne tant rêvée, alors
un rien, un bruit, un nom, un cri, annonce à
cette infortunée, et par un coup imprévu, qu'elle
est trahie dans son amour, trahie dans sa beauté.
Alors voilà que tout se brise, et quand l'homme
n'a plus que le souffle :

SENTINELLI.

Eh bien! qu'ordonnez-vous, Madame?

CHRISTINE.

Qu'on l'achève !

Gœthe, en son paradis de Weimar, fut très-préoccupé des commencements de ce jeune homme. Il s'inquiéta tout d'abord des débris de tant d'œuvres finies, disant qu'il était impossible en effet d'aller plus loin dans les terribles sentiers de la passion sans ordre et de l'action sans fin. Plus que jamais il recommandait la modération à ce jeune sauvage : « Ami, lui disait-il, n'allez pas plus loin que vos maîtres, Casimir Delavigne et Béranger, Schiller et Walter Scott. Gardez-vous d'exagérer votre activité : toute activité sans relâche se dénoue par la banqueroute ; tout ce qui affranchit l'esprit sans nous rendre maîtres de nous-mêmes est pernicieux. Il faut que l'art soit la règle de l'imagination pour qu'elle se transforme en poésie. Rien de plus terrible que l'imagination privée de goût. »

Critique admirable et digne absolument de l'esprit sans règle et sans frein dont les premiers tumultes se faisaient entendre à tout le genre humain.

IV

ALEXANDRE Dumas vint au monde aux premiers jours de ce siècle en belle et bonne paysannerie, en pleine forêt de Villers-Cotterets, la plus pittoresque et la plus poétique de toutes les forêts de la France. En ce temps-là, Villers-Cotterets était au bout du monde ; elle ne voyait qu'une fois par an les députations du monde parisien ; le chemin de fer était un rêve, et les courses de Chantilly semblaient à peine croyables à ce beau monde attiré par la vaste pelouse, la grande écurie et le souvenir de Condé. La tradition racontait que le czar Pierre le Grand, après une chasse énorme, avait soupé dans ces écuries dignes d'abriter ces rois du Nord. Là vivait doucement le dernier prince de Condé, le dernier amoureux, le dernier chasseur. D'un regard ébloui, le jeune Alexandre suivait dans les bois la chasse ardente, et s'étonnait de ce vieillard brisé par l'émigration, qui forçait le cerf dans l'étang de la *Reine Blanche*. Et, le soir venu, il s'invitait lui-même au château, où la dame châtelaine, en ses habits de fête, représentait, galante et bien élevée, une des nouvelles héroïnes de M. Scribe. Il ne faut donc pas s'étonner si sa première comédie avait pour titre : *La Chasse et l'Amour*. A peine il savait de quoi se compose une comédie, et c'était merveille de le voir ajoutant sans cesse un couplet à la chasse, un couplet à l'amour.

Sitôt que le jour des grandes courses était passé, que le théâtre et l'écurie avaient montré tous leurs mystères, que la dernière coquette était partie avec le dernier merveilleux, tout rentrait dans l'ordre en la forêt séculaire. Il n'y avait rien de plus splendide et de plus charmant. Ces

grands bois étaient tout remplis d'une magnifi-
cence aérienne ; on eût dit une immense féerie,
et le conte et le roman suivaient leur chemin
dans les avenues du Commandeur. Vivre ainsi,
dans ces hasards charmants, rencontrer à chaque
pas un ami qui vous protége, un vieillard qui
vous conseille, et relire au pied du hêtre de Virgile une action héroïque où les princesses et les
cerfs dix cors jouent le rôle de Titania dans les
bois de Shakespeare, ô le vrai miracle ! Aller,
venir, s'arrêter, courir, admirer, voilà la vie.
Entrer dans chaque jardin où les fleurs invitent
l'enfant qui passe, cueillir dans les vergers les
plus beaux fruits, au chant de l'oiseau, au mur-
mure errant de l'abeille, à ces enchantements
divins du mois d'avril, c'était sa vie. On l'arrê-
tait dans les chemins pour l'embrasser. Les
vieilles gens avaient connu son père, un soldat
de la République. Ils en racontaient des histoires
fabuleuses, qu'il répétait d'un acte de foi, d'espérance.

Le père du jeune homme appartenait aux
meilleurs gentislhommes de la maison militaire du
roi. Il était officier de Saint-Louis ; il avait porté

le poids des dernières guerres de la monarchie,
et l'Empire n'avait pas dédaigné cette loyale
épée. Il sortit pauvre et dédaigneux de ces
guerres suprêmes, et devint bientôt une légende
à son tour. Il s'appelait Alexandre Davy, marquis de la Pailleterie, et quand le jeune Alexandre Dumas voulut un jour, par caprice, et puis
parce qu'en effet c'était son droit, se parer de
son titre féodal, il rencontra le doux sourire de
sa mère et les brutales ironies du petit journal :
Marquis de la Pailléterie! et tout d'un coup le
nom sérieux devint un nom de tréteau. Dans le
temps où l'un des meilleurs esprits et les plus
droits de notre âge, M. Théodore Anne, garde
du corps du roi Charles X, publiait l'histoire de
la croix de Saint-Louis, il montrait à tout le
monde, avec un juste contentement, les origines
des La Pailleterie. Pas une noblesse, en cet état
militaire de la France, n'était moins contestable,
et M. Théodore Anne était charmé de sa découverte. Sous la main d'un pareil homme, entouré
de considération et de respect, soudain ce beau
marquisat devenait considérable ; mais l'heure
était passée. Alexandre Dumas était entré dans

toute sa gloire; il aurait pu dire comme Mira-
beau, qu'on avait appelé Riquetti : « Avec votre
Riquetti, vous avez décontenancé toute l'Europe. » Il resta donc bourgeoisement Alexandre
Dumas, pendant que son fils ajoutait à son tour
aux grandeurs de la maison. Je ne crois pas
qu'il y ait jamais eu un dédain plus solide et
plus naturel d'un si beau titre. En vain, à plu-
sieurs reprises, les amis d'Alexandre Dumas ont
voulu remettre en honneur le nom de son père,
La Pailleterie est resté à côté de La Pailléterie,
une ironie.

Or, la première fois que la découverte de M.
Théodore Anne apparut dans le monde lettré,
Dumas disait : *Je le savais !* Son fils disait : *Moi,
je n'en savais rien !* Orgueil du père, orgueil du
fils.

Je suis bien sûr que la vérité de ces deux
propositions se fût rencontrée au rebours de ces
deux gentilshommes, le père ami de tout ce qui
brille, et le fils obéissant aux plus simples lois du
bon sens, qui leur disait : Restez donc dans la
mémoire universelle ce que vous êtes devenus
par l'éloquence et le talent.

Les anciens du village de Villers-Cotterets
vous raconteraient encore aujourd'hui les charmantes et subites apparitions du jeune auteur de
la Chasse et l'Amour ; comment parfois de Paris
même il arrivait par des sentiers connus de lui
seul, tantôt chez son père nourricier, tout fier
d'un si beau gars ; tantôt chez la grande Toinon,
qui l'avait porté si souvent dans ses bras. « C'est
moi ! Toinon, me voilà ! vite un perdreau, une
pêche, une bonne omelette au lard ! » Puis,
attablés, ces bonnes gens lui demandaient les
dernières nouvelles de la baronne de Ferrières
et du vicomte Édouard dans *la Chasse et l'Amour.*
Ça le faisait rire ; il riait volontiers de lui-même.
« Ah ! disait-il, mes enfants, il faut entrer dans le
sérieux ; j'appartiens désormais à M. le duc d'Orléans. Il m'a donné quinze cents francs par an,
et m'a placé dans ses bureaux par amitié pour
mon père, me conseillant de laisser de côté justement la chasse et l'amour. »

V

Comment il était parvenu à donner droit de cité dans la forêt de Villers-Cote-rets à Mme la baronne de Ferrières, au vicomte Édouard, rien n'est plus simple. A l'un des derniers Chantilly, son ami, que disons-nous ? son collaborateur, Bernard, lui présentait un homme à ce point considérable dans l'existence des gens de lettres que l'on n'avait jamais vu son pareil à la cour d'Auguste sous Mécène, à la cour de Louis XIV quand vivait et régnait le surintendant Fouquet. Nous voulons parler

4.

de l'agent des auteurs dramatiques, le véritable arbitre en dernier ressort de la renommée et de la fortune des hommes et choses du théâtre. Il veut que vous soyez quelqu'un, soudain vous l'êtes. Qu'il vous prête un billet de mille francs, directeurs et comédiens vous admirent sur sa parole : une avance de l'agent dramatique est un titre de gloire. « Eh bien, monsieur, disait celui-ci à l'auteur de *la Chasse et l'Amour*, vous n'avez donc pas besoin de mes services? Je suis cependant très-disposé à vous faire une avance, à condition que vous nous donnerez votre premier ouvrage. Le jeune homme, à ces mots, vit le ciel entr'ouvert, et, tremblant d'une joie ineffable, il demanda cinquante francs pour acheter un beau châle à Mlle Toinon. — On ne prête pas cinquante francs à un homme tel que vous, reprenait l'agent dramatique ; à la bonne heure une centaine de francs, puisque vous n'en voulez pas davantage. » Et les cent francs furent comptés sur la table de marbre où messieurs les gardes de la forêt écrivaient leurs rapports; bref, ce bel argent si lestement gagné, sur l'aimable figure du poëte , le rendit plus célèbre en un clin d'œil dans toute la forêt que ne firent jamais le second acte de *Henri III* et le quatrième acte de *Christine*, et tout ce fameux rêve, *Antony*, qu'on n'a jamais su mettre en son ordre, à sa place, et dans la série éloquente des idées d'Alexandre Dumas.

Mme Ménessier-Nodier, dont le souvenir est resté si fidèle à l'esprit de son charmant père, nous racontait l'autre jour par quelle suite d'aventures Alexandre Dumas s'était introduit dans ce fameux salon de l'Arsenal qui fut vraiment le berceau de la littérature contemporaine, et ce récit vaut qu'on s'en souvienne.

La maison de l'Arsenal est grande et belle ; elle est placée entre le silence de ces lieux déserts et le bruit qui vient de la ville ; elle exhale une suave odeur de fleurs nouvelles et de vieux bouquins. Là régnait Nodier dans le somptueux appartement qui avait abrité Sully lui-même. En cette capitale du bel esprit, de l'agréable causerie et des amusements littéraires, venaient chaque dimanche, attirés par la bonté du père et les grâces de sa fille, les poëtes nouveaux, les romanciers de la matinée et les génies encore en fleur. Nodier était l'ami de M. de Lamartine ; il

était le confident de M. Victor Hugo jeune
homme; il encourageait le jeune Alexandre Dumas, le jeune Frédéric Soulié. Dans ce palais
de Sully, il était logé comme un roi, et vivait
comme un poëte. Il vivait de si peu! ses soi-
rées lui coûtaient presque rien en limonade, en
biscuits, en pain de seigle! Enfin il se tirait
tant bien que mal de cette épreuve hebdoma-
daire, lorsqu'un jour sa fillette, qui se faisait
grande, entra chez son père en le priant de
recevoir un jeune homme de belle apparence,
à qui le père obstinément faisait refuser sa porte.
« Y penses-tu? disait Nodier, c'est un mendiant, et je n'ai pas les six francs qu'il me faudrait pour le recevoir. — Mais enfin, mon père!
— Enfin, ma fille, il faudrait vous habituer de
bonne heure à distinguer un intrigant d'un hon-
nête homme. Il tirait en même temps six francs
de son tiroir. — Allons, qu'il entre, et c'est toi
qui vas payer cette inutile dépense. » Au même
instant le jeune homme entrait, bien vêtu, bien
ganté, leste et beau, souriant et charmant.
Mlle Nodier triomphait, superbe, à l'aspect du
nouveau venu, et le père, interdit, ne savait où

se cacher. « Monsieur, dit-il à Nodier, on va jouer tantôt mon nouveau drame, et vous me feriez un grand honneur d'accepter la loge que voici. » C'était la loge d'*Antony*. « Quoi ! c'est vous Alexandre Dumas? disait Nodier. Et moi qui allais vous donner six francs ! »

VI

CE sont là de jolies histoires. La vie d'Alexandre Dumas en est pleine. Enfant du drame, il obéissait à tous les hasards de son père. *Antony* fut l'une de ses plus belles aventures. Ah! c'est un beau moment pour l'écrivain qui peut se dire à soi-même : Enfin me voilà quelqu'un! ayant tout à redouter du public, excepté son indifférence; et maintenant que le soleil est tourné du côté de mes œuvres, je n'ai plus qu'à produire pour arriver par degrés à cette gloire éclatante et définitive après laquelle ont couru vainement tant d'hommes d'un talent plus solide et plus fort que le mien.

Véritablement, quelle minute heureuse! Entendre à son oreille enchantée les murmures de la foule contente; être jeune, enthousiaste, brillant; écraser de sa fortune, acceptée de tous, les gloires d'alentour! Personne qui ne se rappelle, à votre aspect, les plus grands noms et les belles œuvres d'autrefois! Pensez-vous donc qu'il soit facile à ces têtes folles de ne pas tourner à ce vent de la faveur populaire, aussi violent que le vent des tempêtes?

Je me rappelle une élégie en ces premiers temps, où l'auteur de *Henri III*, de *Christine* et d'*Antony* racontait cette prospérité des premiers songes. Un de ces vers, qui n'était pas très-bon, se terminait ainsi : *Ma main a fatigué de l'or!* Prince ou goujat, Agamemnon, Thersite, on ne sait pas de milieu dans cet empire au delà de toutes les lois connues de la prospérité la plus complaisante. Il n'y a que la loterie et les jeux de hasard pour improviser des fortunes comparables à ces fortunes de plume. On a vu des

hommes qui avaient gagné une victoire au milieu d'un champ de bataille, et conquis la ville
assiégée, qui s'en revenaient moins illustres et
moins opulents que le triomphateur dans ces
batailles sous le lustre enflammé, dans ces plaines d'Austerlitz éclairées par la rampe du théâtre. Il faut donc placer cette fièvre du succès au
premier rang des enivrements ; on est ivre, on
est fou, on rêve, on ne vit pas.

Maintenant, plus d'une objection se présente
au succès de ces œuvres tant proclamées, tant
applaudies et si peu durables. D'où vient subitement ce profond silence après tant de bruit
jusqu'aux étoiles, et cette indifférence après tant
de passion ? Cela s'explique, aussitôt que vous
ne traitez pas le drame à la façon d'un conte
intéressant. La curiosité ne suffit pas à la durée : il y faut encore la pitié, l'amour, la terreur qui monte avec des larmes éternelles du
fond même du cœur humain. Il faut aussi, pour
qu'une nation se souvienne longtemps et toujours des pleurs, des gémissements, des douleurs de la tragédie, un véritable fonds de poésie
et l'un de ces merveilleux écrivains dont chaque

parole est immortelle. Il s'appellerait Sophocle,
Eschyle ou Corneille, il serait à peine au niveau
de sa tâche impérissable. Écoutez cependant,
sur le théâtre athénien, tout rempli de l'histoire
des héros et des dieux de ce grand peuple, Antigone, Ismène : ô pitié et terreur incomparables !
Le drame que l'on joue en ce moment est le
drame le plus ancien et le plus simple qui soit
au monde. Le roi de Thèbes a défendu, par un
décret, de rendre les derniers devoirs à Poly-
nice et de le pleurer. Le roi ne veut ni deuil ni
sépulture. Il y va de la vie à désobéir. Seule,
Antigone se débat contre la volonté souveraine.
Que les tyrans déshonorent les dieux et les morts
tout à leur aise, elle veut plaire aux dieux, elle
veut honorer les morts ! Le chœur, qui l'écoute
avec orgueil, répond à ses nobles pensées en
chantant les louanges du jeune prince qui n'est
plus. Écoutez ! Que de douleurs dans les premières strophes ! quelle joie abondante et sereine
aux strophes suivantes ! En effet, la fière Antigone a rendu les derniers devoirs à son frère ! O
douleur ! Antigone a été surprise aux apprêts de
la sépulture ! Ceci touche à l'inspiration person-

nelle de Sophocle, *l'Abeille attique*. Il parlait, il agissait comme un Athénien qui sait par cœur les vers d'Homère. La fatalité pèse sur la triste famille des Labdacides. En vain le fils de Créon lui-même, Hémon, jeune et brave, demande à son père le pardon d'Antigone, sa fiancée. Le roi répond à son fils par ce grand mot, effacé de tous les codes et de toutes les poétiques de ce bas monde : *L'autorité !* « L'obéissance est la force des États, la paix des monarques, la liberté des sujets, la gloire des nations. »

La réponse est plus belle encore et plus rare : *La pitié !* « Mon père, la ville entière pleure Antigone. Est-elle donc si coupable, la sœur qui accorde la sépulture à son frère ? Mon père, soyez-nous favorable ! Modérez votre colère ! » Hélas ! vaines prières ! Antigone n'a plus qu'à mourir ! Que cela est vif et dégagé de toute inutile préparation ! Que nous voilà loin des fameuses habiletés, surprises et conventions de l'art moderne ! Et cependant rien n'est plus touchant que les chastes plaintes de la noble princesse ! Le chœur, fidèle jusqu'à la fin à son admiration sympathique, soutient la fière victime :

« Antigone, la gloire et l'honneur vous serviront
de cortége dans la demeure des morts! » Après
trois mille années, l'impression de ce miracle de
la tragédie est vivante encore, et nous ne de-
mandons pas, comme au cabinet de lecture,
« comment cela finit, comment cela commence ».
Au contraire, on écoute, on admire, on pleure
aujourd'hui, comme on écoutait, comme on
pleurait le premier jour, justement parce qu'il ne
s'agit pas ici de satisfaire une inutile et miséra-
ble curiosité, mais de se pénétrer d'une immortelle et toute-puissante poésie. Ils ne se lassaient
pas de leurs poëtes et de leurs tragédies, ces
Athéniens, pas plus que les fidèles et les croyants
de l'Évangile ne se lassent des saints mystères.
L'hérésie, elle, passe un peu plus lentement que
le mensonge; au contraire, la vérité reste et
brille éternellement d'un éclat incomparable.

Or, comparé au travail des maîtres, le drame
est une hérésie; il a réussi par les mêmes moyens
que l'hérésie, à savoir l'inattendu, la curiosité,
la hardiesse et la nouveauté; les violences du
langage et les violences de l'action, le bruit, le
mouvement, la vaine fumée. Essayez de vous

rappeler le détail de *Henri III !*. ... le drame à l'instant vous échappe. Un seul mot va remettre en lumière dans votre esprit le *Misanthrope* ou les *Femmes savantes*. Il y a cent fois plus de couleur locale dans quatre vers de *Polyeucte* que dans tout le bric-à-brac de *Henri III*.

Mais voilà ce que ce jeune homme ici présent ne pouvait pas savoir, dans les piéges que lui tendait son amour-propre. On l'applaudissait, on l'admirait ce matin pour son esprit de la veille... Que voulez-vous de plus ? Il ne voyait pas la différence entre la grande Antigone et la duchesse de Guise, lorsque son mari va briser ce bras charmant dans son gantelet de fer : *Vous me faites mal, Henri ! vous me faites mal !* Enfin, l'œuvre achevée, il s'en revenait tout courant dans la petite maison de Villers-Cotterêts, pour rapporter à sa glorieuse mère le récit du nouveau triomphe. Un jour même il avait fait représenter l'*Orestie*, et il en parlait comme il eût parlé d'une représentation d'*Antony*. Le goût lui a manqué, non moins que l'étude. Il savait si bien s'en passer !

VII

E son vivant déjà, il avait rencontré ces enthousiastes que lord Byron appelait *les pèlerins de son génie*, et nous-même, du milieu de ces passions littéraires, nous dont la profession semble incliner notre esprit vers des idées peu enfantines, nous n'avons pas manqué, non certes, de visiter l'humble maison où naquit Alexandre Dumas aux premières années de ce siècle. *Ce siècle avait deux ans* quand vinrent au monde, attirés par la gloire, et sans doute aussi par le charme en-

5.

chanté d'une longue paix, ces habiles écrivains qui étaient encore, à la veille de nos misères, les maîtres et les enchanteurs de ce beau siècle commencé dans la gloire, achevé dans la honte. *Ce siècle avait deux ans* à la naissance de Victor Hugo, d'Alexandre Dumas et de Frédéric Soulié. Ce siècle à peine commençait quand M. de Balzac venait au monde. Ils sont tous partis du pied droit, à la même heure, et pas un qui doutât de sa destinée. Ils allaient tête levée, à la façon des victorieux et des conquérants. Pas d'obstacles : la foule obéissante les saluait de ses acclamations. Ils appartiennent ainsi par leur naissance à la France de l'Empire, et par leur éducation libérale au roi de la Restauration, ami d'Horace et protecteur de Béranger. Enfants, ils ont été réveillés au bruit des trompettes, au son des tambours, au fracas de ces musiques infernales que le père de Michel de Montaigne avait grand soin d'écarter des oreilles de son fils. Ils devaient apprendre Homère et Virgile.... ils ont appris l'école de peloton ; ils ont fait l'exercice avec des fusils, l'arme d'Austerlitz, remplacée aujourd'hui par des mécaniques.

Dieu soit loué! nous n'avions pas dix ans, on nous a délivré du tambour, des clairons, du maniement des armes et de tout l'attirail militaire. Une ordonnance du roi, notre sire, nous a rendu le doux frémissement de l'abeille athénienne et le duo du rossignol en lutte avec l'alouette matinale qui s'élève, en chantant, des plaines de Vérone. Il y en eut bien quelques-uns qui retrouvèrent, un peu plus tard, le travail de la Muse antique ; les plus nombreux se passèrent volontiers de l'étude savante, et peu de gens s'aperçurent de cette immense lacune. Le vent souffle où il veut; l'esprit est comme le vent : ne lui demandez pas des diplômes inutiles ; il s'affranchit de la règle, il dédaigne les chemins tracés. D'autres soucis le conduisent et le gouvernent.

Or le grand mérite et le grand talent de M. Alexandre Dumas, c'est qu'en effet il se passait si bien des leçons de la Muse et de l'enseignement des maîtres que pas un n'a jamais songé à lui reprocher cette espèce de bâtardise. Don Juan d'Autriche et le beau Dunois ne s'inquiétaient guère des fils légitimes de leur seigneur féodal. Il était né pour écrire et pour causer, à tel point que dans sa parole, écrite ou parlée, on retrouve encore aujourd'hui les rares qualités et les défauts merveilleux de cet esprit habile à tout apprendre, à tout oublier, à tout comprendre, à tout négliger; esprit rare, attention rapide; esprit subtil et talent bourgeois; intelligence habile, exécution souvent brutale; un artisan plus qu'un artiste; un forgeron très-habile, un ciseleur médiocre; uncyclope effrayant dans sa forge allumée, au bruit du soufflet qui souffle et du marteau qui tombe et retombe en bondissant sur l'enclume... Enfin, que vous dirai-je? un artisan maladroit s'il s'agit de mettre en œuvre le fer même qu'il est habile à bien forger.

Tout son théâtre est ainsi fait : moitié granit et moitié sable ; un bronze corinthien où l'or pur est mêlé au plus vil métal; des rêves impossibles et des vérités à tout perdre ; des inventions à tout sauver. O mélange inexplicable des choses les plus contraires et des sentiments les plus divers! Il est vrai le *Monte-Cristo :* tantôt damné, tantôt sauvé ; brillant, bruyant; le plus volon-

taire et le plus facile des humains. Toujours
dans l'extrême, et content des positions les plus
difficiles; aujourd'hui le centre intelligent de
l'univers, le lendemain il va se mettre au niveau
d'un cabotin de la province. Et tout cela sau-
poudré, semé, parsemé de romans, de contes,
d'histoires et d'aventures; la tragédie avec le
conte et le roman surgissant à chaque pas que
fait cet homme, à travers les créations de son
cerveau

VIII

Voila ce qui nous poussait, lorsque dans sa ville natale, qu'il a tant célébrée et tant aimée, un jour de l'été brûlant, nous cherchions la maison sombre où naquit Alexandre Dumas. C'est à peine une maison, c'est mieux qu'une cabane. Il n'y a rien de si petit, sinon, peut-être, à Strafford-sur-l'Avon, l'humble logis où naquit le grand Shakespeare. On éprouve en ces murs dévastés le même sentiment d'orgueil et de respect. Souvent Alexandre Dumas disait au propriétaire de sa maison :

Gardez-la bien, je la veux acheter ! C'était encore
un des rêves de la fin de sa vie. — Il y a longtemps qu'elle serait à lui, disait le bon propriétaire, M. Cartier, si mon humble maison avait
valu seulement trois cent mille livres. Le fait est
que, par fortune et par respect, la maison est
restée inhabitée. Elle appartient à un groupe de
chaumières mêlées à de petits jardins. Si l'année
est abondante, et s'il faut amonceler les javelles,
le propriétaire ne se gêne guère pour faire un
grenier de ce logis poétique. Aux temps ordi-
naires, la maison reste ouverte, et le premier
venu est admis à la visiter. On en ferait facilement un petit Louvre en l'honneur du maître,
et chacun de nous se fût fait un devoir d'apporter
sous ces poutres enfumées quelques-uns de ces
souvenirs précieux que la mort agrandit outre
mesure. Hélas ! il n'aura pas de musée, à peine
s'il aura le tombeau que lui doit la France entière. Il est vrai que M. de Lamartine n'a guère
été plus heureux.

IX

L'ÉTABLISSEMENT du roman moderne, où M. Alexandre Dumas devait jouer un si grand rôle, formera plus tard un chapitre considérable dans notre histoire littéraire. On retrouvera dans ces pages, semblables au feu caché sous la cendre, le talent particulier de nos plus rares et plus sincères écrivains. Dans ce chapitre à part, qui ne rappelle en rien les habitudes et les produits de l'art français, brilleront de tout leur éclat, dans une suite de pages véhémentes, les maîtres du roman moderne. Et de même que la peste racontée par Boccace, au premier chapitre de ses Nouvelles, quand Mme Pampinée et le Décaméron jaseur de ces belles amoureuses attirent à leur charme les jeunes gentilshommes des palais florentins, les historiens de cette période, où le conte et le drame ont régné d'un règne absolu, s'ils veulent entrer carrément dans leur sujet, seront forcés de raconter les misères et les funérailles du premier choléra. Mais quoi! toutes ces pestes se ressemblent. Le mal est le même; il reproduit les mêmes symptômes; il pousse les malheureux dans les mêmes abîmes. Si donc les historiens à venir se trouvent embarrassés de raconter ce commencement des plus beaux contes que l'esprit humain ait inventés dans les jours les plus misérables, ils trouveront dans l'histoire éloquente du grand Thucydide, l'Homère en prose de l'histoire grecque, une si parfaite description de la peste d'Athènes que pas un ne saurait la refaire :

« ... En général, on était frappé subitement et sans cause apparente, au milieu de la meilleure santé. D'abord, on éprouvait de grandes

6

chaleurs à la tête, les yeux devenaient rouges et enflammés ; la gorge, la langue, étaient sangui-nolentes ; la respiration déréglée. En peu de temps, le mal gagnait la poitrine et causait de fortes toux. Quand il s'attachait au cœur, il y excitait des soulèvements, et l'on éprouvait, avec de violentes douleurs, toutes les éruptions de bile auxquelles les médecins ont donné des noms. La plupart des malades faisaient entendre de sourds gémissements, que suivaient des con-vulsions violentes. La peau n'était ni fort chaude au toucher, ni pâle, mais rougeâtre et livide. L'intérieur était si brûlant que le malade ne pou-vait supporter ni les manteaux les plus légers, ni les couvertures les plus fines... »

Ce fut donc en ces jours pestiférés que la France en deuil fut envahie par cinq ou six vastes compositions qui contenaient dans leurs flancs ténébreux la terre, et le ciel, et l'abîme, avec toutes les passions les plus funestes du cœur humain. Pensez un instant à ces inventions, lamentables pour la plupart, soudain vous rever-réz dans le coin le plus fatigué de votre cerveau des contes, des romans, des catastrophes, des

misères sans formes et sans explication. On eût
dit d'un défi que faisait l'oisiveté publique à la
verve, à l'esprit, à l'invention, des plus admira-
bles conteurs. Celui-ci, obéissant à la réalité
sévère, nous racontait l'histoire des parents pauvres et des paysans qui représentent une suite
de brigandage. Celui-là, sous la dictée et par la
volonté du diable, écrivait d'une main pleine de
fièvre les scandales et les crimes de son héros.
Eugène Sue allait, infatigable, des splendeurs de
Mathilde aux lamentations des *Mystères de Paris*,
et la foule étonnée applaudissait dans ces chapitres sans art, mais d'une si terrible invention, à
toutes les douleurs que peut contenir dans ses
haillons et dans ses fanges une grande cité où
l'on ne croit plus à rien, où l'on n'obéit plus à
personne. A ces lectures malsaines, le peuple
éperdu consumait sa vie, et le lendemain, l'œuvre étant épuisée, une autre arrivait plus violente. A la fin, l'un de ces maîtres, le premier de
tous, s'emparant des *Mystères de Paris*, écrivait
les *Misérables*, effaçant par six nouveaux tomes
les vingt-quatre in-octavo qu'Eugène Sue avait
déposés sur l'autel des furies.

Quelle attention c'était alors pour toutes ces pages haletantes sous la fièvre et le cauchemar! Nous avons vu l'heure où le nom seul de Lugarto, le héros scandaleux d'Eugène Sue, faisait bondir de colère et d'indignation les jeunes gens, les vieillards, le soldat revenu de la bataille et l'écolier qui lisait sous les arbres du jardin ces crimes de la fortune. Heureusement, ce Lugarto de vingt ans, très-peu fait aux actions mauvaises, fut sauvé de la haine universelle par une décision prompte et sans appel. Ne sachant comment répondre à la calomnie, et perdu dans ces souterrains, il commanda qu'une douzaine d'exemplaires de ce fameux livre, ouvert justement au chapitre *Lugarto*, fussent déposés sur les banquettes de son antichambre, sur les tables de ses salons; la cuisine et l'écurie n'étaient pas oubliées. Au bout de huit jours, cette maison rassasiée eût donné les vingt tomes d'Eugène Sue pour l'un de ces jolis petits romans de charmille et de cabaret que le bon Paul de Kock improvisait sous la tonnelle de son petit jardin.

Le fait est que ces machines plus qu'épiques, à moins qu'elles ne soient écrites de main de

maître, amènent avec elles ce grand danger :
tout de suite on les oublie, on les dédaigne, on
n'en veut plus. Au contraire, un petit roman po-
cheté, qui se lit en deux petites heures, aura de
grandes chances de durée. On y revient sans
cesse, on le relit toujours. Ce fut même un des
malheurs d'Alexandre Dumas de n'être point
parvenu à cette brièveté délicieuse qui devait
tant servir la fortune et la popularité de ses ri-
vaux dans l'art d'écrire : *Atala, Eugénie Grandet,
le Lion amoureux, Mademoiselle de La Seiglière,
Adolphe, le Vase étrusque, la Mare au Diable, le
Mouchoir bleu, Obermann* découvert par M. Sainte-
Beuve, et peut-être aussi un petit livre intitulé
l'Ane mort, qui fut le commencement de la *Dame
aux camélias.*

Alexandre Dumas était un géant que ne pouvait contenir un si petit esprit ; il eût franchi d'un
seul bond le plus vaste abîme, et vous voulez
qu'il s'arrête au ruisseau de Daphnis et Chloé !
Quelle pitié ! se disait-il : se maintenir forcé-
ment dans ces étroites limites ! Avec une seule
de ces idées bien trouvées j'aurais fait vingt
tomes d'une lecture agréable, et vous voudriez

6.

me condamner à ces infiniment petites passions confinées dans ces petites maisons, chaque parole étant pesée en ces petites balances dont une toile d'araignée représente les deux plateaux! Celui-là eût été bien hardi qui eût attaché le lion rugissant à ces chaînes, qui lui donnaient tout au plus l'espace du prisonnier de Chillon autour du pilier sombre où il est enchaîné.

Mais aussi, quand il se vit lâché dans la plaine et dans le vallon du roman moderne, à l'aspect de ces victorieux que suivait la foule en leurs sentiers fantastiques, Dumas bondit comme un taureau qui s'échappe : A moi la plaine et le mont! à moi le monde! et malheur à qui m'arrête! On retrouva cette fois dans toute sa vigueur le rôdeur des forêts, l'arpenteur des campagnes, l'habitant de ces solitudes. Cet habitué du drame, où déjà il avait rencontré *Richard d'Arlington*, *Don Juan de Marana*, *Louise Bernard*, et les plus doux fantômes, s'emparait de l'espace en maître absolu. Vous vous rappelez en ce moment ces fameux *Mousquetaires* et ce célèbre *Monte-Cristo* dont le geôlier du château d'If vous montrera la prison? Vous vous rappe-

lez cette suite énergique de passions, d'aventures
et de paradoxes, qui faisaient leur chemin à la
façon des quatre fils Aymon, montés sur le même
cheval. Dans son roman, non moins que dans
ses drames, Alexandre Dumas, tour à tour pyg-
mée ou géant, est semblable au géant de La
Fontaine :

> Celui de qui la tête au ciel était voisine,
> Et dont les pieds touchaient à l'empire des morts.

Il est à lui seul les quatre Mousquetaires suivis
de leurs trois valets, comme on voit le bon San-
cho à la suite du chevalier de la Triste Figure.
En venant au monde il était déjà de ces gaillards
bien découplés le frère et le fils, le cousin et le
camarade ; et pendant quatre années, sous les
arbres de la grande forêt, sans répit, sans repos, sans chercher sa voie un seul instant, il a
raconté à l'Europe attentive les diverses fortunes
des héros et des enfants de sa fantaisie. Esprit
sans fatigue, il a donné à ses chevaliers sans
peur, mais non pas sans reproche, un nom, une
forme, un valet, une épée, et le monde entier les

reconnaît à leur moindre geste, à leur moindre parole. Athos et Porthos chantent en chœur la chanson de Falstaff : « *Quand Arthur parut à la cour...* et puis du vin ! » Porthos est l'Ajax Télamon de cette odyssée en prose et bourgeoise. Athos ressemble à Porthos comme l'eau ressemble à la pluie ; il est aussi bas que son ami sur l'article du linge ; autant que lui il est expert au charmant jeu de vide-bouteilles et de brise-côtes. Bref, les deux font la paire ; on ne peut pas aimer celui-ci sans adorer celui-là.

Aramis est le gentilhomme de la bande. Il touche au cardinal de Richelieu par les dames, au cardinal de Mazarin par la souplesse et par la volonté. Il est fâcheux qu'Aramis n'ait pas été quelque temps au service du cardinal de Retz, qui lui eût appris bien des secrets dans l'art d'aimer et de conspirer.

D'Artagnan, c'est le héros, c'est le capitaine ; on dirait de loin la silhouette du grand Condé. Il va droit à son but par de furieuses enjambées. Qui l'a vu une seule fois est l'ami de d'Artagnan. Le bon Mélingue n'a jamais pu s'en défaire. Les uns et les autres, ce sont autant de couteaux qui ont le fil. Dans l'œuvre entière on entend le cliquetis des épées mêlé au bruit des baisers, au son argentin des écus d'or, au *tic-tac* de la broche, au hennissement des chevaux légers et des plus légères amours.

Dumas-d'Artagnan, voilà son nom. Certes, l'homme qui passionne ainsi la multitude, dont les héros les plus compliqués passent tout de suite à l'état d'êtres réels, et qui pousse à ce point extrême le grand art de s'emparer du vulgaire, est, à coup sûr, un de ces esprits rares et singuliers dont on ne peut méconnaître la puissance.

X

OR, plus tard, quand, la France étant retombée dans le sérieux, il fallut expliquer et commenter l'effet produit dans les âmes et sur les esprits par ces poëmes du coin du feu, qui depuis dix ans tombaient dru comme grêle sur les lecteurs et les lectrices d'alentour, certes les explications ne manquèrent point à ce déluge qui menaçait de tout envahir. Mais la plus éloquente et la plus sincère de toutes ces critiques, qui devaient donner le dernier mot des *Mystères de Paris*, des *Mémoires du Dia-*

ble et des *Trois Mousquetaires*, c'est le digne fils de M. Dumas lui-même, un poëte à la taille de son père, qui va porter la lumière dans ce chaos et formuler la grande accusation contre ces tristes buveurs d'opium : « Quand l'homme avance, la femme est en progrès ; quand il s'arrête, elle recule ; quand il monte, elle s'élève ; quand il descend, elle tombe. Nous en sommes à cette dernière phase. A cette heure, l'homme descend. Il ne sait plus où il en est. Il n'admet plus aucune autorité, et proclame la morale indépendante. Il ne veut plus relever que de lui-même ; il rompt avec le Créateur et veut asservir la création ; il se dégage de sa destinée en niant ce qu'il n'est plus digne de faire ni capable de comprendre. Tout à ses passions, il raille avec le dévouement, le sacrifice, la famille, l'amitié, l'amour, chiffrant tout et nous offrant, en échange de ce qu'il nous enlève, de ce qu'il s'enlève, pour mieux dire, nous offrant, dans l'ordre matériel comme dans l'ordre intellectuel et moral, la production à outrance, la consommation démesurée, les appétences monstrueuses, les excitations morbides, la sophistication, le mensonge, l'erreur. Il ne sait plus ce qu'il mange, il ne sait plus ce qu'il lit, il ne sait plus ce qu'il aime, il ne sait plus ce qu'il croit ou ne sait plus ce qu'il fait. Tout est apparence et fictions : valeurs de commerce, valeurs d'esprit, valeurs de cœur, religion, culte, gouvernement, littérature, insurrection même, rien n'est plus sérieux. La langue, la belle langue française, est en plein carnaval; elle court les rues comme une folle, faisant des grimaces et des culbutes pour raccrocher la populace et la popularité. Les villes ne sont plus que des Babels en long, les maisons ne sont plus que des tombeaux dorés; enfin l'homme ne sait plus ce que c'est que la conscience religieuse, morale, civile, politique, et il déclare à la face du monde que le serment fait à Dieu, au prêtre, au souverain, au peuple, n'engage à rien, et il en ordonne à la fois l'usage et le mépris (1). »

(1) Alexandre Dumas fils, préface de *l'Ami des Femmes*.

XI

ÉRITABLEMENT, cet Alexandre Dumas
est le meilleur et le plus digne écrivain
de cette illustre biographie. Ouvrez
la préface du *Fils naturel*, et vous verrez qu'il
est impossible en effet de mieux parler.

« C'est sous le soleil de l'Amérique, mon
vaillant père, avec du sang africain, dans le
flanc d'une vierge noire, que la nature a pétri
celui dont tu devais naître, et qui, soldat et
général de la République, étouffait un cheval

7

entre ses jambes, brisait un casque avec ses dents
et défendait à lui tout seul le pont de Brixen
contre une avant-garde de vingt hommes. Rome
lui eût décerné les honneurs du triomphe et l'eût
nommé consul. La France, plus calme et plus
économe, refusa le collége à son fils, et ce fils,
élevé en pleine forêt, en plein air, à plein ciel,
poussé par le besoin et par son génie, s'abattit
un beau jour sur la grande ville et entra dans la
littérature comme son père entrait dans l'ennemi,
en bousculant, en abattant, en renversant tout ce
qui ne lui faisait pas place. Alors commença ce
travail cyclopéen qui dure depuis quarante années. Tragédie, drame, histoire, romans, voya-
ges, comédies, tu as tout rejeté dans le moule de
ton cerveau, et tu as peuplé le monde de la fiction
de créations nouvelles. Tu as fait craquer le
Journal, le Livre, le Théâtre, trop étroits pour
tes puissantes épaules; tu as alimenté la France,
l'Europe, l'Amérique; tu as enrichi les libraires,
les traducteurs, les plagiaires; tu as essoufflé les
imprimeurs, fourbu les copistes, et, dévoré du
besoin de produire, tu n'as peut-être pas toujours
assez éprouvé le métal dont tu te servais, et tu

as pris et jeté dans la fournaise, quelquefois au hasard, tout ce qui t'est tombé sous la main. Le feu intelligent a fait le partage. Ce qui venait de toi s'est coulé en bronze, ce qui venait d'ailleurs s'est évanoui en fumée. Tu as battu ainsi bien du mauvais fer; mais, en revanche, combien parmi ceux qui devaient rester obscurs se sont éclairés et chauffés à ta forge, et, si l'heure des restitutions sonnait, quel gain pour toi, rien qu'à reprendre ce que tu as donné et ce qu'on t'a pris! Quelquefois, tu posais ton lourd marteau sur ta large enclume. Tu t'asseyais sur le seuil de ta grotte resplendissante, les manches retroussées, la poitrine à l'air, le visage souriant; tu t'essuyais le front; tu regardais les calmes étoiles en respirant la fraîcheur de la nuit, ou bien tu te lançais sur la première route venue, tu t'évadais comme un prisonnier; tu parcourais l'Océan, tu gravissais le Caucase, tu escaladais l'Etna, toujours quelque chose de colossal, et, les poumons remplis à nouveau, tu rentrais dans ta caverne. Ta grande silhouette se décalquait en noir sur le foyer rouge, et la foule battait des mains : car, au fond, elle aime la fécondité dans le travail, la

grâce dans la force, la simplicité dans le génie,
et tu as la fécondité, la simplicité, la grâce, et
la générosité, que j'oubliais, qui t'a fait million-
naire pour les autres et pauvre pour toi. Puis, un
jour, il y a eu distraction, indifférence, ingrati-
tude, de la part de cette foule attentive et dominée
jusqu'alors. Elle se portait autre part, elle voulait voir autre chose. Tu lui avais trop donné.
C'était nous qui étions venus ! nous les enfants,
nous les petits, qui avions poussé pendant ce
temps-là et qui faisions le contraire de ce que
vous aviez fait, vous les grands. Voilà tout. Tu
es devenu « Dumas père » pour les respectueux,
« le père Dumas » pour les insolents, et, au milieu de toute sorte de clameurs, tu as pu entendre parfois cette phrase : « Décidément, son fils
« a plus de talent que lui ! »

   « Comme tu as dû rire !

   « Eh bien, non : tu as été fier, tu as été heureux, semblable au premier père venu ; tu n'as
demandé qu'à croire, tu as cru peut-être ce qu'on
disait ! Cher grand homme naïf et bon, qui m'aurais donné ta gloire comme tu me donnais ton
argent quand j'étais jeune et paresseux, je suis

bien heureux d'avoir enfin l'occasion de m'incliner publiquement devant toi, de te rendre hommage en plein soleil et de t'embrasser comme je t'aime, en face de l'avenir ! Que d'autres de mon âge et de ma valeur se déclarent tes égaux : ne portant pas ton nom, c'est affaire à eux, et je n'ai pas plus à leur reprocher qu'à leur envier cette fiction, moi qui serais aussi connu qu'eux rien qu'à être ton fils ; mais il faut que la postérité, qui, quoi qu'il arrive, sera forcée de compter avec toi, sache bien, quand elle lira nos deux noms au-dessous l'un de l'autre, chronologiquement, dans le bilan de ce siècle, que je n'ai jamais vu en toi que mon père, mon ami et mon maître, quoi qu'on ait pu dire ; que j'ai eu cette bonne chance, grâce à ton voisinage, de ne jamais m'exagérer, et de me considérer toujours comme bambin en étant obligé de me comparer toujours à ce père redoutable.

« Du reste, il y a dans mon enfance un souvenir qui secrètement battait en brèche mes jeunes vanités. C'est celui de la première représentation de *Charles VII* à l'Odéon. Ce fut un *four*, comme on dirait aujourd'hui dans cet argot parisien qui

remplacera peu à peu, si nous n'y prenons garde,
la vieille langue française. J'avais huit ans, j'é-
coutais avec religion, parce que c'était *papa* qui
avait écrit ça. Je n'y comprenais rien du tout,
bien entendu. Tu avais voulu que je fusse présent à cette solennité; tu étais superstitieux, tu
croyais que je te porterais bonheur. Tu te trom-
pais bien. Les cinq actes se déroulèrent au milieu d'un silence morne. Aussi quelle idée avais-
tu de vouloir arrêter tout à coup, avec une œuvre
sobre, ferme, simple, le mouvement que tu avais
toi-même et le premier imprimé au théâtre? Pourquoi tout à coup cet hommage à Racine, qu'on
était convenu d'appeler un polisson?

« Nous revînmes ensemble tout seuls, toi me
tenant par la main, moi trottinant à ton côté pour
me mettre à l'unisson de tes grandes jambes. Tu
ne parlais pas; je ne disais rien non plus: je sen-
tais que tu étais triste et qu'il fallait se taire. Depuis ce jour, je n'ai jamais longé le vieux mur
de la rue de Seine, près du guichet de l'Institut
(où tu ne devais pas entrer), sans revoir nos
silhouettes sur cette muraille humide, léchée ce
soir-là d'un grand rayon de lune. Je ne suis ja-

mais non plus revenu d'une de mes premières représentations les plus bruyantes et les plus applaudies sans me rappeler le froid de cette grande salle, notre marche silencieuse à travers les rues désertes, et sans me dire tout bas, pendant que mes amis me félicitaient : « C'est possible ; mais j'aimerais mieux avoir fait *Charles VII*, qui n'a pas réussi. »

XII

Voici donc les dernières pages de cette oraison funèbre, entreprise au bruit du canon qui gronde et des misérables cavaliers qui s'en viennent visiter les maisons innocentes et pleines de labeur. Mais, quels que soient les destins de nos regrets et de nos plaintes d'avoir perdu ce brave homme, il nous restera du moins l'intime contentement de l'avoir retrouvé tel qu'il était, tout-puissant par le génie, le travail et la bonté. Car, pendant que nous le suivions dans sa grande voie et ses pe-

tits sentiers, semblables à nos sentes de cette
Normandie où il est venu mourir, nous négli-
geons de raconter sa charité inépuisable et sa
bonté souveraine.

Il n'a jamais refusé une aumône aux pauvres
gens, un conseil aux jeunes esprits.

Profonde était sa pitié, sincère était sa bonne
grâce. Rien qu'à le voir riant de ce beau rire
où toute son âme était empreinte, on se rappe-
lait ce mot de Shakespeare : « Avez-vous entendu rire le lion? » Il riait tour à tour comme
un lion et comme un oiseau. Comme il était
parfois très-riche, il oubliait les moments de
gêne, et huit jours après un grand succès il se
remettait au travail, tantôt pour un jeune homme
arraché de la conscription, tantôt pour un vieillard qu'il fallait envoyer aux Bons Pauvres.
Or, dans ces bonnes actions qui lui semblaient
si naturelles, il ne demandait aide et conseil à
personne. —Il prenait tout sur lui-même ; il faisait tout par lui-même, un peu bruyant parfois,
mais le bruit était sa seule récompense. Il mar-
chait donc entouré de toutes ces bienfaisances,
semblable à quelque Montyon gigantesque,

grand distributeur de prix de toute espèce, et même de prix de vertu.

Malheureusement, son bienfait s'égarait parfois et retombait sur des têtes mal choisies. Et puis il y avait des moments où la passion reparaissait pour cette fameuse première venue, si précieuse au bonhomme Duclos. *Du pain, du vin, du fromage et la première venue, ami Duclos, voilà votre paradis*, disait parfois Mme la marquise de Lambert. Il n'en fallait pas davantage au grand-père des *Trois Mousquetaires* : un pain de la veille, un vin passable et des femmes passées. Mais, à peine adoptée, il ne la regardait plus guère, et c'était comme s'il ne l'avait jamais vue. En même temps, son plaisir et sa volonté étaient de tenir chaque jour et tout le jour une grande table ouverte à tous ses lecteurs. C'était un peu moins que des amis; c'était beaucoup mieux que des parasites. Ils vivaient de sa vie; ils le regardaient travailler, ils s'installaient aux premières loges, même à cette charmante comédie où le maréchal de Richelieu jouait un si beau rôle : *Qui veut être de moitié dans mon jeu?* Écrite entre deux vastes

compositions romanesques, cette aimable comédie arrivait en droite ligne des belles plaines
où s'élève le château d'Arques, et non loin de
la maison filiale où devait s'éteindre en si peu
d'heures un des plus merveilleux inventeurs de
la littérature française. Il aimait ces lieux charmants, ces doux paysages, ce ruisseau-fleuve
qui fuit vers la mer à travers la prairie en mur-
murant sa douce complainte. Il avait rencontré
Mademoiselle de Belle-Isle sur ces rivages que
son cercueil traversait naguère, à peine accom-
pagné de quelques exilés comme lui. Qu'il était
jeune encore, et quels beaux rêves s'agitaient
dans sa tête féconde! L'esprit, la gaieté, la
grâce et les belles passions lui sortaient par tous
les pores. Jamais peut-être aussi complétement
que dans *Mademoiselle de Belle-Isle*, il ne s'était
montré le poëte ingénieux, plein du feu nouveau, ne copiant personne, et rencontrant souvent ces mots charmants qui peignent tout un
sentiment. Quelle joie et quel bonheur c'était
là pour nous autres, quand il répondait si bien
aux murmures des envieux et des jaloux : *Dumas
baisse! il est à bout de sa peine! il devrait se re-*

poser. — Se reposer ! Alexandre Dumas, maître
absolu des passions du drame, et, quand le
nœud était trop serré, le dénouant volontiers à
la façon du grand Alexandre ! Il a laissé bien
d'autres œuvres où sa griffe est empreinte. Tel
ce fameux *Caligula*, un monstre égal à Domitien, qu'il a fait revivre un instant dans un
drame insensé ; mais sa folie était si voisine de
la raison !

Chacun l'aimait, mais c'était à qui lui ferait
un léger obstacle, afin d'avoir le plaisir de lui
voir franchir, si leste et si gai, les aventures
les plus difficiles. Le Dumas voyageur était
resté, nous l'avons dit, le Dumas fantaisiste. Il
mettait à contribution les moindres accidents
de la route : le bouchon de l'hôtellerie, l'aboie-
ment du dogue fidèle, le chant de l'oiseau, le
cri joyeux de l'enfant, la flamme qui brûle dans
l'âtre, ou la pluie en fin nuage. Dans ses courses
à travers le monde, il se donnait la fête et le
plaisir de tous ses défauts : il était curieux,
minutieux, chercheur et battant les buissons du
côté de l'invention. En ces petits détails, en
cette menue monnaie de la poésie descriptive,

le revenu le plus clair de notre voyageur, c'est
sa monnaie courante de chaque jour, c'est son
pain, c'est son habit, c'est le cheval qui le
traîne, c'est le bateau qui l'emporte, et surtout
le bruit qui se fait autour de ce singulier voyageur.

XIII

D'ou viennent cependant l'intérêt inépuisable de tous ces livres et la curiosité de tous ces lecteurs? Pourquoi de
ces quatre ou cinq cents volumes (lui seul il en
savait le nombre), signés du même nom, la
destinée a-t-elle été heureuse?..... Il avait
gardé, pour finir comme il avait commencé, les
parcelles du feu sacré de *Henri III* et de *Christine*. Il portait son théâtre en soi-même; il était
le propre racoleur de ses comédies, vêtues, pa-
rées, ornées, l'épée au côté, le fard à la joue
et le plumet sur la tête. Son grand secret, —

et c'était une louange qu'il aimait à se faire à lui-même, — c'est d'avoir toujours respecté son lecteur. « Je suis aussi paternel, disait-il, que sir Walter Scott; et les mères de famille, quand j'entre en ce logis bien réglé, ne disent pas : « Va-t'en, ma fille! » Et même en ce fameux drame où tous les excès semblent couronnés par tous les crimes, dans ces violences de *la Tour de Nesle*, on aurait peine à trouver quelqu'une de ces grandes fautes qui déshonorent le drame aux yeux de l'auditoire. Avec Marguerite de Bourgogne, avec Buridan, il est resté honorable, honoré, et ce n'est pas l'un de ses moindres tours de force, à trente ans qu'il pouvait avoir.

Mieux que personne (et c'était justice) il y avait un homme ici-bas dont l'adoration n'a amais manqué à l'auteur des *Trois Mousquetaires*..... Cet homme était son propre fils. Comme il a parlé de son père! avec quel enthousiasme! et que cette page ardente était à sa place en cette oraison funèbre écrite avec nos seuls souvenirs! Son fils et sa fille ont été au premier rang dans les bonheurs d'Alexandre

Dumas. La fille écrit un jour cette histoire de Mme Benoist, qui fut un grand sujet d'étonnement pour son propre père. Un autre jour, comme elle tenait dans sa main légère un crayon fraîchement taillé, il advint qu'elle savait dessiner comme elle savait écrire. « O ma chère et digne enfant, disait ce brave homme, vous avez beau faire, Alexandre et toi, je garderai ma place au soleil. » Mais il avait pour son fils une louange voisine du respect. Nous le voyons encore au sortir du Gymnase (on venait de jouer le *Père prodigue*) : il était radieux. Jamais *Antony*, jamais *Mademoiselle de Belle-Isle*, n'avaient illuminé d'un rayon plus complet ce front porte-foudre. Il tendait ses mains à la foule, et chacun se glorifiait de toucher ces mains vaillantes. C'est en ce moment surtout que Garibaldi son ami eût compris toute cette âme ouverte aux plus grandes émotions qu'elle avait peine à contenir. Ce fut ainsi, j'imagine, qu'Annibal et Scipion l'Africain, à leur première rencontre, se sont contemplés l'un l'autre, étonnés jusqu'à l'épouvante. Quand le père avait dit : *Mon fils !* il avait dit toute chose.

On a rarement rencontré dans la littérature présente et dans la littérature passée deux images plus ressemblantes et plus diverses en même temps.

Ce jeune Alexandre eut tout d'abord cet honneur inespéré que les beaux esprits de l'Europe, afin de les reconnaître et de les distinguer celui-ci de celui-là, aient été forcés de le désigner en disant : Dumas père et Dumas fils. Ils étaient signalés toutefois par la différence même de leur esprit. Le père infatigable, le fils ami de la quiétude et du repos ; le père ardent à son œuvre et toujours au travail : aujourd'hui, demain, toujours.

Tout lui convient, tout lui réussit ; le conte, l'histoire, la fantaisie, le roman, le poëme, la nouvelle, l'introduction, le prospectus, la préface, l'épilogue et même le journal, comme aussi, pour l'accomplissement de cette énorme tâche à laquelle il s'est condamné lui-même, aussitôt tout lui sert : le crime et le vice, la dentelle et le haillon, le bourreau sur son échafaud, le prêtre dans son presbytère, le voleur en sa caverne, le mendiant en son chemin, la belle fille au printemps, qui passe et qui se perd sous le rayon lumineux. Il obéit au récit comme on obéit à la Muse, et tantôt il l'emporte, et tantôt il est emporté. Ainsi sa jeunesse et sa vie et son âge mûr se sont passés à obéir à la narration, à l'ogre qui a dévoré tant de beaux génies.

« Conte et conte ! » Voilà la voix qui retentit à son oreille comme, au milieu de cette période célèbre, cette voix de Bossuet qui dit : Marche ! et marche !

Au contraire, le fils est la prudence même. Il ne croit pas au hasard, à peine à l'inspiration. Avant de trouver il cherche. Il a conquis les suffrages du public pour s'être habilement maintenu dans les sentiers qu'il s'est frayés loin des grands chemins tracés par son père. Autant le premier attire à soi l'attention universelle à force de tapage et d'éclat, autant le second (le fils) redoute pour son compte le tumulte et la fièvre. Il a attendu bien longtemps que lui vînt la faveur publique, il ne l'a pas forcée. Aussi bien la voilà venue ; elle ne saurait lui manquer. Grâce à la mort, le père et le fils disparaissent dans la même gloire, et nous dirons désormais, parlant de l'un et l'autre : Alexandre Dumas! Heureux le survivant, content le mort dans son tombeau! Les voilà dans la même jeunesse, et maintenant faisons place au second Alexandre.

Il parle, on l'écoute ; il marche, on le suit. Il est gai, railleur, bon enfant, bon plaisant. Il invente, et si par hasard, par bonheur, l'invention lui manque, il s'en tire par un bon mot. C'est la verve en personne, et pas faquin, pas méchant, pas flatteur. Il va sans déclamer, sans insulter, sans demander son reste, ce fameux *reste* qui reste à ceux à qui rien ne reste. Pendant toute une année, et davantage, il rêve, il arrange, il écrit, il compose, il pose et dispose une comédie; et quand enfin sa comédie est faite, il dit aux gens : *Voilà ma pièce!* Alors il se donne un peu de bon temps, il se câline, il se cache, et pas d'autre prétention que d'amuser les gens d'esprit. Quant aux sots, il s'en moque. Et quand on l'accuse parce qu'il aura pris sur le vif quelque modèle affreux d'une coquine ou d'un coquin de la bonne compagnie, il est tout prêt à vous raconter l'histoire de cette bonne femme avalant un verre d'eau-de-vie : « Ah !

disait-elle en se rengorgeant, c'est très-fort... »
puis, tendant son verre : « Donnez-m'en encore
pour deux sous! »

Quant à nous, ses contemporains, nés à la
même heure et frappés des mêmes révolutions,
nous ne saurions nous séparer sans un regret
véritable du grand artiste que nous pleurons.
Il était fait, vous le voyez, pour sculpter lui-
même sur son tombeau sa propre statue :
orages, tempêtes, chansons, parfums. Ce
n'est pas celui-là, certes, qui eût laissé en
réserve ce livre de Pétrarque intitulé : *Mon
secret*. Il n'avait de secret pour personne; il se
servait, à la moindre occasion, des couleurs les
plus revenantes (c'est un mot de M. de Lamen-
nais lui-même). Et voilà comment il est si facile, à peine mort, de raconter sa vie et son labeur. Dumas est tout entier dans nos souvenirs;
il ne s'est inquiété de rien ni de personne. —
« Que faites-vous là ? demandait son ami au philosophe Hobbes une heure avant sa mort. Votre
testament ? — Je n'ai rien à laisser, répondit le
philosophe, et je compose mon épitaphe. Ils
sont de force à graver un barbarisme sur la

pierre de mon tombeau. » Alexandre Dumas
n'a pas connu cette inquiétude : il était bien sûr
de la poésie et du poëte de ses funérailles. Ces
grands noms sont faits pour les grands tombeaux.

Vous avez vu parfois dans le coin d'un vieux
parc un réservoir en belles pierres moussues, où
se rendaient, obéissants, les flots de la terre et du
ciel. Si par malheur quelque avarie emporte un
morceau de cette voûte où tout chante, on voit
soudain s'écrouler la muraille, et ces eaux si
longtemps fécondes çà et là se répandre, inutiles
et perdues. Voilà, j'imagine, un exemple affli-
geant de cette agonie intelligente. Il a résisté
longtemps, mais, la muraille écroulée, il reste à
peine de tous ces trésors amoncelés en ce lieu
formidable de quoi désaltérer la fauvette et le
chardonneret. Quelle abominable confusion ! le
pâtre ignorant passe et regarde, indifférent à
cette ruine. On la rebâtira demain... Mais demain ne reviendra pas.

Nous ne reverrons point de nos jours ce mon-
ceau charmant de passions généreuses, de vanités naïves, d'inventions sans égales, de contes

légers, de drames sans fin. Nous ne retrouverons plus cet ami, ce poëte et ce chevalier. Il est mort facilement et s'est éteint dans un sourire. *Apollon et Diane l'ont tué de leurs douces flèches*, disait Homère en parlant d'un héros de l'*Iliade*.

— « Enfin, mon cher Parménon, vous conviendrez avec moi que celui-là qui a vu luire à ses yeux le soleil et l'océan, de son lit de mort, n'a plus rien à désirer sur la terre et peut disparaître en remerciant les dieux. »

DES PRESSES DE D. JOUAUST

IMPRIMEUR DE LA LIBRAIRIE DES BIBLIOPHILES

Rue Saint-Honoré, 338

A PARIS

13

www.ingramcontent.com/pod-product-compliance
Lightning Source LLC
Chambersburg PA
CBHW052051270326
41931CB00012B/2717